日本の福祉を築いたお坊さん

日本福祉大学を創った鈴木修学上人の物語

まえがき

筆者が、鈴木宗音師（現法音寺山首）と出会ったのは、今から五〇数年前、筆者がまだ早稲田大学の学生の頃でした。のちに、その旧友の実父が、日本福祉大学の創立者である鈴木修学上人であることを知ったときには、びっくり仰天したものです。

鈴木修学上人が、第二次世界大戦の前後において社会福祉教育の先駆者として尽力してきたこと、特に日本福祉大学の創立者としては、力の限り努力してきたことを聞きました。

筆者は、宗教系大学の創立者とその教育理念に強い関心を持っていたため、このようなかたちで鈴木修学上人と繋がることができたのは、何かの「めぐり合わせ（仏縁）」のようなものが感じられて仕方がありません。

宗教系大学の創立者に対する単なる関心事を超えて、福祉サービスの実践と福祉教育に生涯を捧げた鈴木修学上人の業績を後世の人たちに遺すことが、何よりも筆者の使命であると考えました。

筆者がその思いをかたちで表すことができるものは、執筆以外にはありません。このような意味で本書を世に出すことは、筆者の使命であり、本書執筆の動機なのです。

なお、本書執筆のためにご協力頂きました大乗山法音寺、社会福祉法人昭徳会、学校法人日本福祉大学の皆様には大変お世話になりました。心から感謝申し上げます。

二〇一一（平成二三）年六月

立正大学・東京福祉大学名誉教授　文学博士

星野貞一郎

目次

日本の福祉を築いたお坊さん

——日本福祉大学を創った鈴木修学上人の物語

プロローグ

日本福祉大学は、昭和二八年（一九五三）四月、「中部社会事業短期大学」として名古屋市に誕生しました。その頃、東京に「日本社会事業短期大学」、大阪に「大阪社会事業短期大学」がありました。

中部社会事業短期大学が、日本初の社会福祉専門の四年制大学、日本福祉大学に生まれ変わったのは昭和三二年（一九五七）四月でした。これまでに約六万人の卒業生を輩出し、わが国における社会福祉の発展に大きな役割を果たしてきました。

日本福祉大学を創立したのは、鈴木修学《すずきしゅうがく》という、日蓮宗のお坊さんです。鈴木修学上人は、大学の創立者であると同時に、社会福祉法人

日本福祉大学

昭徳会の創立者であり、日蓮宗法音寺を創建した人でもありました。

修学上人は、日本に「社会福祉」という言葉が広くいきわたる前から、また、いろいろな制度が整備される前から、ハンセン病の患者さんや、犯罪を犯した少年、虐待を受けた子ども、戦災孤児、知的障害児らの介護・養護・教育に取り組み、「社会福祉事業」の拡充・発展に一生を捧げた方でした。

修学上人の業績は、世間一般に広く知られたものとは言えません。この本は、修学上人の足跡と精神を一人でも多くの方に知ってもらいたいと考え、書きました。修学上人の生涯を辿ることを通して、読者のみなさんに社会福祉の原点と、現代社会に生きる人間のあり方を考えてもらいたいと念ずるものであります。

生い立ち

鈴木修学上人は、明治三五年（一九〇二）一月五日、鈴木家の長男として、現在の愛知県江南市寄木町に生まれました。寄木町は、名古屋から北へ約二〇キロ、木曽川の南に位置する農村で、鈴木家は、農業のかたわら、副業として菓子問屋を営んでいました。幼い頃から学業に秀で、尋常高等小学校を主席で卒業。卒業すると家業の菓子問屋を継ぎました。

生まれながらに積極的で明るい性格と、誠実で勤勉な気質を兼ね備えていた修学上人は行く先々で信用を得、岐阜県から滋賀県、三重県まで取引の手を広げました。一八歳の時、事業上の失敗から大きな借金を抱えますが、くじけることなく仕事に励み、新しい技術をどんどん吸収していきました。やがて菓子パン（固パン）の製造販売に取り組みます。当時、めずらしかった菓子パンは飛ぶように売れ、二三歳の時には、大きな成功を収めていました。しかし、同世代の若者達との派手な遊びにはなじもうとせず、茶の湯や薩摩琵琶の稽古に励んだり、当時としては珍しい自転車を趣味にしていました。また、早稲田大学の講義録を取り寄せて、経営学の勉強に励む、実直な青年でした。

出会い

若くして成功を手にした修学上人でしたが、しだいに人生の意味を考えるようになります。

「自分は幸せなのだろうか」「自分はこのまま年をとって死んでいくのだろうか」「自分は何のために生まれてきたんだろう」「今の商売が、これから先もうまくいくだろうか」

人がうらやむ世間的な成功や、ぜいたくな暮らしも、心を満たすものではありませんでした。

そんな時、叔父さんから不思議

な婦人の話を聞かされます。叔父さんは、趣味であるお経の研究では、専門のお坊さん顔負けの知識をもつことで知られていました。その叔父さんが、とにかく一度会いに行くことを強く勧めるのです。

「ちょっとケタ違いの方だよ。男子に生まれなかったのが惜しいけど、とにかくすごい方だ。自分もいろんなお経を研究して、仏教に詳しいつもりでいたけど、実は何もわかっていないってことに気づかされたよ。お経を読んだだけで仏教をわかったと考えるのは、世界地図を眺めているだけで世界中のことをわかった気になっていることと同じだって教えられたよ。君も是非、その先生のお話を伺ってみるといい」

修学上人は、その不思議な婦人に強い興味を抱き、会いに行くことにしました。

「あなたは、自分の正体がわかっていますか」

その婦人から、いきなり質問されました。目を丸くしていると、さらに、

「あなたには、あなたでなければできない大切な役割があります」

と言われ、おそるおそる尋ねてみました。

「私の役割とは何でしょう。私は人生の意味を求めています。どうしたら幸せになれるのか、日々考えています」

その婦人は、確信に満ちた口調で諭します。

「あなたのような立派な魂をもった人は、それ相応の生き方をしなければなりません。あなたに課せられた役割とは、自分自身で、追々気が付いていくことでしょう」

「その役割に気がつくと、幸せになれるのでしょうか」

「幸せになりたければ、幸せの種をまくことが必要です。米も野菜も種をまかなければ収穫することはできません。幸せの種さえまけば、人は本当の幸せになれるのです」

「幸せの種とは何のことでしょう」

「幸せの種とは、法華経の教えを実行することです」

「法華経と言われても私にはわかりません。一体どういうものなのですか」

「そうですね。まず第一に行住坐臥《ぎょうじゅうざが》と言って、道を行く時も、寝ている時も、とにかく何をしている時にも『南無妙法蓮華経《なむみょうほうれんげきょう》』とお題目を唱えるのです。そして、親のない子、病気で苦しむ子、生活に困っている不幸な人々を助け、幸せに導く方法を説く教えです。不幸な人々の手助けをすることこそ、幸せの種まきにほかなりません。あなたが求める幸せは、法華経を実行し、人々を幸せにすることによってのみ得ることができるのです」

この婦人こそ、修学上人が生涯「師」と仰ぐことになる仏教感化救《ぶっきょうかんかきゅう》済会《さいかい》の創立者、杉山辰子《すぎやまたつこ》先生でした。

杉山先生はこのころ、法華経の教えに基づいて不幸な人々を助ける慈善活動に、一生懸命取り組んでいました。人々からは神通力を持つと噂され、貧しい人々や病気で苦しむ多くの人々が彼女のもとを訪れていました。

修学上人は、たちまち、杉山先生の不思議な魅力にひかれ、杉山先生のもとに通いはじめたのでした（大正一三年、二三歳）。

そのころ、修学上人の親戚に中風（脳血管障害の後遺症）で寝たきりの老人がいました。半身が不随で、医者からは既に見放されていました。修学上人はその老人のことを杉山先生に話してみました。

「中風で寝たきりの老人でも法華経の教えで救うことができるでしょうか」

「もちろんです。法華経で救えない病気はありません」

その日から老人のもとへ通い、杉山先生から聞いた法華経の内容を話し、お題目を唱えてみました。しかし、老人に回復の兆しは見えません。再び、杉山先生のもとを訪れました。

「杉山先生、一生懸命お題目を唱えましたが、一向によくなる気配がありません」

「法華経を説くと言っても、やみくもにお題目を唱え、法華経の話をしてもそれだけでは病気は治りません。病気の原因となっている罪障を功徳《くどく》で帳消しにしなければいけません。病気を医薬で治すことは、地上に出ている雑草を刈り取ることと似ています。根が残っていると再発します。因果の二法と言って、この世の中のことはすべてそうなる原因があるのです。だれもその法則を逃れることはできないのです。ですから、あなたが病人と一緒になって功徳を積むことが何より大切です」

「先生、功徳を積むとは、一体どういうことなのでしょう。どのようなことをすれば功徳を積むことができるのでしょうか」

「困っている人を助け、法華経を信仰する善人をつくることです。自分のできることで、立場を通し、仕事を通して、人の喜ぶことをして導くのです」

修学上人は、忙しい商売のかたわら、その老人を自宅へ引き取って自ら看病にあたることにしました。また、これまでの行ないを見つめ直し、法華経の教えに照らしあわせながら、一日一日を大切に生きることを誓いました。そして、その思いと決意を老人にも伝え、一緒に病気を治そうと励ましました。

修学上人は、杉山先生から教えを学ぶとそのたびにそれを持ち帰り、老人に懇々と聞かせてあげました。それだけではなく、両親や五人の弟妹、親戚、そして友人や知人に法華経の教えを説いてまわりました。法華経の教えは、人々を助ける心を育てる教えです。自分が困っている人へ手をさしのべるだけではなく、人々を手助けする心の大切さを説いてまわったのでした。

そうして二月が過ぎようとしていたある日の午後、自宅に戻った修学上人は目をみはりました。信じられない光景を目の当たりにしたのです。寝たきりだった老人が、一歩一歩、畳を踏みしめて歩いているではありませんか。

修学上人は驚きのあまり声を失いました。その老人は、自分でも信じられないといった面持ちでしたが、修学上人に気がつくと「ありがたい。ありがたい」と涙を流しながら繰り返しました。

この時、修学上人は二三歳。杉山先生の教えの正しさと、法華経の功徳を確信した瞬間でした。

仏教感化救済会への入会

修学上人は、その後も不思議な出来事にたびたび出会い、心を揺さぶられていきました。

杉山先生は、東京や大阪など各地にあった支部に毎月出向き、法華経の宣伝をするかたわら、様々な慈善活動に取り組んでいました。名古屋の本部はもとより、各地の支部にも悩み・苦しみを抱える人々が大勢訪れ、杉山先生から教えを受けていました。

修学上人に転機が訪れたのは昭和二年、二六歳の春のことです。修学上人は夢を見ました。杉山先生が両手に大きな荷物を抱え、電車からホームに降り立つ夢でした。

「先生、私にその荷物を持たせてください」

「この荷物は重いですよ」

夢の中で、杉山先生はそう告げると意味ありげににっこりと笑い、その荷物を修学上人に手渡しました。

翌日修学上人は、杉山先生に昨夜見た夢の話を報告しました。すると杉山先生は修学上人をじっと見つめ、言いました。

「私は今、両手に重い荷物を持っています。実は、この荷物をあなたに持ってもらいたいとかねがね考えていました。大変、重い荷物ですが、持って頂けますか」

修学上人は、息を飲みました。そして、その言葉の真意を受け止めました。

「これこそ私に課せられた役割にちがいない」

修学上人は決意しました。杉山先生に従い、教えの道をまっすぐに歩んで行くことを…。

修学上人は、繁盛していた商売をたたみ、工場や機械を手放し、本格的に杉山先生のもと、仏教感化救済会に入会したのでした。

杉山先生は最初、修学上人に東京の武蔵小山にある救済会の支部へ行くことを命じました。そして、そこで約半年間、ただひたすら「本を読みなさい」と言われました。与えられた本は、法華経と日蓮聖人の御遺文でした。修学上人は、朝から晩まで「本を読む」ことに没頭し、法華経と日蓮聖人の説かれた教えを学びました。

生《いき》の松原のハンセン病療養所

昭和三年（一九二八）六月、修学上人は、杉山先生の養女みつさんと結婚しました。みつさんは、杉山先生のお姉さんの娘で、姪にあたります。一八歳の時、杉山先生の養女となり、先生の経営する病院で看護婦兼女中として働いていました。

若い二人は、新婚生活を楽しむ間もなく、重い任務を授けられます。杉山先生は、福岡にあるハンセン病療養所の運営を修学上人夫妻に託したのです。

ハンセン病は、不治の病と考えられていました。手足や顔が変形することから人々に恐れられ、強い感染力を有する病気だと考えられていました。現在では治療法も確立され、また、感染力が極めて弱い病気であることもわかっています。しかし当時は、病気の詳しい実態は解明されていませんでした。

ハンセン病患者は、病が発覚すると強制的に隔離され、療養所へ入所させられました。患者が出た家庭は、世間の偏見と差別を恐れ、ひた隠しに隠しました。家族との絆を断ち切られ、生きる希望を失い、自ら命を断つ人も後を絶ちませんでした。患者達は、ハンセン病そのもののみならず、人々の無理解による偏見と差別に苦しめられ、言うに言えない悲惨な現実を生きていたのです。

修学上人夫妻は、生の松原へ赴きました。療養所に着くと、あまりに荒れ果てた建物に驚いてしまいます。天井は破れ、雨漏りがひどく、

畳はすり切れ、壁ははげ落ち、すきま風が吹き抜けています。二人は、療養所がここまでひどい状況だとは知らされていませんでした。

修学上人は早速、施設の修理に取りかかりました。しかし、予想以上に費用がかかり、またたく間に用意していた資金は底をついてしまいました。ここから二人の過酷な日々がはじまります。

当初、療養所の経営は、患者（家族）が負担する費用で運営される予定でした。しかし、実際に支払ってくれる人は少なく、三六人の入所者のうち、三分の一しか入金はありませんでした。治る見込みのない人のために、家族はいても一生援助を続けていくつもりはないようで、連絡をしても返事すらないケースがほとんどでした。また療養所には、七人の職員が住み込みで働いていましたが、その人達の給料も支払わなければなりません。二人は、自分達の着物を質に入れるなどして、生活費をやり繰りしなければなりませんでした。

「法華経には、正しい教えの道を歩もうとする者は必ず試練に遭うことが記されている。杉山先生は我々に試練をお与えくださったのだ。この試練から逃げることはできない。杉山先生と法華経を信じてがんばってみよう」

二人は、困難な状況にもくじけませんでした。みつ夫人は、患者の身の回りの世話に黙々と勤しみました。膿のついた包帯や寝間着を洗濯し、血まみれの患部へ温かい治療を施しました。修学上人は、運営費を補い、患者の食料を確保するために農地を借り入れ、畑仕事に励みました。また、日が暮れると福岡市内のお寺をまわり、寄付を訴えてまわりました。

真っ先に寄付金集めに協力してくれたのは、日蓮宗本岳寺の住職、立野良瑞上人でした。大勢の法華経の信者さんに話をする機会を作ってくれたのです。


修学上人は訴えました。

「皆さん、ハンセン病の患者さんも同じ人間です。彼らの境遇へ、思いを寄せて頂きたいのです。だれも好きで病気になったわけではありません。

この病気にかかると、肉親からも縁を切られてしまいます。私どもの療養所に今、三六人の患者がおります。そのうちの一人の青年は、二年前に発病しました。彼は、『生きている間に母さんに会いたい』『故郷に帰りたい』と毎日のように涙を流しています。

私は、たとえわずかであっても、こういう人たちの力になりたいのです。どうか皆さん、私に力を貸してください。気の毒な患者さんに光を与えてあげてください」

当時は、ハンセン病の施設で働いているというだけで、着物の袖で口を押さえたり、露骨に嫌な顔をする人もいる時代でした。「ハンセン病は空気感染する」「ハンセン病は遺伝する」という誤解もありました。

しかし、本岳寺で修学上人の必死の訴えを聞いた人々は、その熱意に打たれ、次々に寄付を申し出てくれました。そして本岳寺以外の日蓮宗のお寺にも話がまわり、寄付を申し出てくれる人々が次々と現われました。

昭和三年、昭和天皇の即位礼が行なわれた年でした。一一月一〇日の即位礼にあわせ、福岡名物の「博多どんたく」が開催されることになりました。お祭りが近づくと、療養所にも毎日のようにお囃子の稽古の音が聞こえてきます。

「わしらも、どんたくを見に行きたいのう」

「人垣の後ろからそっとのぞくだけならいいじゃろう。行ってはいかんかの」

「わしらだって、陛下さまのお祝いをしたいんじゃ」

患者達から話しかけられた修学上人は、思わず、

「あんたら、その格好で行くつもりか」

と言ってしまいました。患者達は自分の着物に目をやると、がっかりして部屋に戻りました。着物はあちこちすり切れ、ボロボロでした。

「なんという残酷なことを言ってしまったんだ…」

修学上人は、患者達の心を切り刻んだことを悔やみました。そしてしばらく考えると、自分の荷物の中から、金の懐中時計を取り出しました。菓子パン屋時代に購入した宝物でした。

「みつ。すまないが、これをもって

質屋に行ってくれないか」

「えっ。これは、あなたのいちばん大切な宝物ではありませんか」

「金時計はお金があればまた買うこともできる。しかし、ここの患者さん達は、この先いつ、どんたくを見ることができるかわからないからね…」

みつ夫人は、その金時計を握りしめ、そして、自らも、花嫁支度でつくってもらったただ一つの晴れ着をもって、質屋に走りました。

お祭りの当日、患者達はこざっぱりとした服装で、意気揚々と祭り見物に出かけました。

修学上人夫妻は、自らの持ち物と引き替えに、三六人の患者達の着物を用意したのでした。

二人は懸命に尽くし、必死に働きましたが、療養所の経営は一向に好転しませんでした。いくら節約しても、収入を人々の善意の寄付金に頼っているだけでは限界があります。

二年半の歳月があっという間に過ぎていました。二人は、八方ふさがりに陥っていました。修学上人には、患者達の行く末だけは、どうしても守らな

ければならないという、強い思いがありました。

「自分達はどうなっても構わない。しかし、このままでは療養所の患者達を食べさせていくことすらままならない。売れる物はすべて売ってしまった。お金に換えられるものはすべて換えてしまった。私たち二人が懸命に働いても、三六人の患者と七人の職員を養っていけるだけの収入には程遠い。何とかして、この状況から患者達を救い出さねば…」

修学上人は、社会事業を続けていくむつかしさを身をもって学んだのでした。

やがて、同じく法華経の教えを基に慈善活動を進める綱脇龍妙上人に話が伝わり、療養所を引き継いでもらうことになりました。綱脇上人は明治三九年、日本人で初めてハンセン病の病院（身延深敬《みのぶじんきょう》病院）を創設した、日蓮宗のお坊さんです。綱脇上人は療養所の現状に深く同情し、快く経営を引き継いでくれたのでした。

修学上人夫妻にとって、生の松原での二年半は、忘れられない修行の日々となりました。八方ふさがりの状況に陥ったとき、みつ夫人は自殺を考えたことが二度までもあったといいます。

昭和五年一二月、修学上人は名古屋に帰ることになり、本岳寺住職・立野上人をはじめ大勢の支援者に、別れの挨拶をして回りました。

「本当にいろいろお世話になりました。ありがとうございました」

「いよいよ帰られるのかね」

「さびしくなるね」

「どうです。上がってゆきませんか」

「お茶でも飲んでいってくださいよ」

「最後に一緒に食事をしましょう。いいじゃないですか…」

訪れた先々で深々と頭を下げる修学上人に、親しみをこめた言葉で人々は呼び止めてくれましたが、そのたびに、

「いや、急ぎますので…」

「せっかくですが、時間が…」

と、古いマントの前をかきあわせ、急ぎ足で立ち去るのでした。急ぐことなど何もなかったのですが、誘いを受けようにも上がれるわけがなかったのです。マントの下は、一二月だというのに、汚れきったゆかた一枚きりでしたから…。

二人は、自分達にできることを精一杯やり切りました。患者さんの介護と施設の運営に懸命にあたり、結果的に挫折しながらも貴重な教訓を身につけたのでした。

一、窮すれば通ず、という言葉がありますが、真心をもって社会事

業をすれば、助けてくれる人が沢山あるということ。事業は為せば成るものだということ。

二、社会事業の経営は、一方に収入の道を考え、生産の道を開いて、其の収入に比例して事業を行う事が健実である。

三、世間の人々の理解と、大きい援助の基に事業を進めていくべきである。

自らの体験から得たこの三つの教訓は、その後、修学上人が手がける様々な福祉事業の指針となり、その発展に大きな力を発揮することになります。

臥竜山の農業指導

罪を犯した少年の更生を助けるための法律が整備されるのは昭和二三年のことです。戦前には、十分な制度はありませんでした。しかし杉山先生は、国が法制度を整備する以前から、独力で更生事業に取り組んでいました。

杉山先生は、愛知県知多郡臥竜山《がりゅうざん》に購入した救済会の農場へ、罪を犯

した少年一七人を引き取りました。そして、生の松原から戻った修学上人に、彼らの指導を任せました。

修学上人は、臥竜山の山小屋で少年達と寝食を共にしながら、父親の農作業を手伝った経験を活かして農業指導に当たりました。臥竜山には、一町歩ばかりの田と五反ほどの畑、山林が五〇町歩ほどありました。しかし、肝心の田に引く水が十分ではありませんでした。修学上人と少年達は、山上にため池を掘り、桶で水を運ぶ作業からはじめなければなりませんでした。機械・機具類の充分にない時代ですから大変な重労働です。

修学上人は仕事をする際、必ず自分がやってみせ、それを少年達に見せて教えました。桶の担ぎ方、鍬の使い方、肥料の調合等々、仕事のやり方の手本を示し、自ら率先して働くことで農作業の手順とコツを教えました。そして、作業の合間に修養の話をしました。少年達は、一緒に汗水流して働くうちに、しだいに心を開いていきました。

「君たちがここに来たとき、田んぼや畑がずいぶん荒れていたね。こんな荒地を耕して何が取れるのかと、君たちは投げやりだった。しかし、今はどうだ。あんなに荒れていた田

畑でも、こんなに立派な米や野菜ができるようになったじゃないか。人づくりだって同じことだな。人間も心の耕作を怠らなければ必ず善い人になれる。逆に言えば、せっかくよい田畑があっても耕作を怠れば、あっという間に荒れてしまう。人も同じように、日々の耕作を怠ると心は荒れ、ねじ曲がった人間ができてしまう。君たちも、心の耕作を怠らなければ、きっと世間に認めてもらえるようになる。信用もしてもらえるようになる。心を育て、世の中になくてはならない人間になろうじゃないか」

苦労の甲斐あって、秋には、五〇俵の米が収穫できました。その米を一升ずつ袋に詰め、荷車に積んで名古屋市内の貧しい人々が住む地域に運びました。そこには「細民」とよばれた、明日の食事にもこと欠く貧しい人々が集まっていました。当時は、世界恐慌の影響で、日本の都市には失業者や浮浪者が溢れていたのです。

修学上人は、臥竜山から運んだ米を貧しい人々に無料で施しました。中には、米袋を抱えて泣き出す人もいました。少年達は、呆然とこの光景を眺めてい

ました。

「自分達が汗水流して働いて得た収穫を、こんなに喜んでくれる人がいる」少年達は苦労を忘れ、泣きたいほどの感激を味わったのでした。世間からつまはじきにされ、世の中に強い不信を抱いていた少年達も、本来の人間性を取り戻し、自信を持って社会に復帰していったのです。

その姿を見て、修学上人は「苦労を共にし、真心をもって導けば、必ず人の心を動かすことができる」という確信を得ました。この臥竜山の体験も、その後の修学上人の歩みを支える大きな糧となりました。

杉山先生の死と遺された教え

昭和七年六月二十八日、杉山先生が亡くなられました。修学上人の悲しみは、いかばかりだったでしょう。人生の師、杉山先生を失ったことは、心に埋めようのない寂しさを与えたにちがいありません。しかし、悲しんでばかりはいられない立場に置かれていました。

亡くなる直前、杉山先生は信者さ

ん達に語りました。
「明日死んでも後悔はない、というまで徳を積みなさい。死んで持っていけるものは徳だけです。死んでしまったら、家も土地もあの世に持っていくことはできません。お金や名誉に執着してはなりません。煩悩の種を植えることに勤しんではなりません。この世に生を受けたからには、功徳を積むこと、不幸な人々を助け、人々を幸せに導くことに命を捧げなさい」

仏教感化救済会の第二代会長に、村上斎《むらかみいつき》先生が就任しました。村上先生は、杉山先生と出会う以前は、愛知県立医学専門学校（現、名古屋大学医学部）の医師でした。杉山先生との出会いによって、法華経を学び、人々の心の種を育くむ魂の医学を身につけたのでした。

村上先生は杉山先生を助け、救済会の慈善活動を支えてきました。今度は、修学上人が村上先生を補佐して、救済会を支える立場に就いたのです。村上先生は七八歳、修学上人は三一歳になっていました。

大黒柱を失った救済会を支えるため、修学上人は以前にも増して、膨大な仕事に取り組むことになりました。本部へ訪れる人々の身の上相談、機関誌『出世の栞』の編集・発行、帳簿の整理、講演活動等々、激務でしたが人並み外れたエネルギーで精力的にこなしていきました。

忙しい毎日の中でも決して研鑽を怠らなかった修学上人は、この頃には既に、法華経の難解な教理にも精通していました。驚くべきは、修学上人の講演の人気ぶりです。自身の体験を踏まえ、わかりやすく教えを噛み砕き、身近な例をあげながら人々に説いていきました。話術も巧みで、その講演には笑いが絶えませんでした。修学上人は、悩み、苦しむ人々の心を深く理解していました。その説教は、人々の心に癒しと希望を与え、勇気と情熱を駆り立て、聴衆の心をつかんだのでした。

修学上人は杉山先生から、法華経の内容を単に理解するだけでなく、日々の生活に応用し、実行することの大切さを学んできました。

杉山先生は、法華経の教えを「慈悲《じひ》」「至誠《まこと》」「堪忍《かんにん》」という三徳にまとめて人々に諭しました。

人々の憂い、悲しみを自分のこととして受け止め、自らの喜びを他人に分け与えるやさしさの心、これを「慈悲」と言います。

間違った行ないや悪い心を退け、世のため人のために自らを役立て、やさしさをたゆみなく持ち続ける心を「至誠」といいます。

腹を立てず、恨みや怒りを捨て去り、理不尽な出来事からも逃げ出さず、他人を許す広い心を「堪忍」と言います。

この「慈悲」「至誠」「堪忍」は、救済会を支える精神の柱です。

修学上人は、「人に親切にしよう」「人を必ずほめよう」「何事にも精一杯の力で取り組もう」「今日一日だけは堪忍しよう」と、人々にわかりやすく説いていきました。

杉山先生が亡くなられた時には、救済会の将来を危ぶむ声もありました。しかし、村上先生と修学上人は、杉山先生の教え、そして社会事業の火を消してはならないと心に誓い、身を粉にして働きました。

懸命の努力の甲斐あって、会は順調に発展していきました。

藤森の育児院

昭和八年、子どもを虐待してはならない、という法律ができました。この法律に従って、修学上人のもとに大勢の子どもが送られてきました。親から捨てられたり、虐待を受けた子ども達は、心に深い傷を負っていました。

親に殴られ続け、半分くらいの歯が折れてしまっている三歳の子もいました。継母から虐待を受けたある少年の身体には、三六か所ものの傷跡がありました。

「口減らし」のために、サーカスに売られた子どもは一三人を数えました。そんな子ども達のために修学上人は、名古屋市郊外の猪高村藤森に育児院をつくり、彼らの養育に当たることにしました。

育児院に保護された子ども達の心の傷は深く、決して大人を信用しませんでした。固く心を閉ざし、施設の職員の指示にもなかなか従おうとしませんでした。

中に正男という少年がいました。施設の職員は、彼の行動にほとほと手を焼いて、とうとう修学上人のところに「何とかしてください。私たちの手には負えません」と連れてきました。

修学上人はニコニコと微笑んで、少年に話しかけました。

「正男、ほうきを二本持ってきてくれないか」

少年は、しぶしぶほうきを取りに行きました。少年からほうきを受け取った修学上人は、にっこり笑って話しかけます。

「おうおう、ありがとうよ正男。どうだ、お父さんと一緒に落ち葉の掃除をしようじゃないか」

その頃、修学上人は、子ども達に「お父さん」と呼ばれていました。

少年は、しぶしぶ、落ち葉の掃除をはじめました。

「おうおう、正男、うまいじゃないか。正男の集めた落ち葉の方が、お父さんが集めたのよりずっと多い。どうしてどうして、保母さん達からは、正男が掃除が得意な子だってことは聞いてなかったな。こんなに役に立つ良い子だとは知らなかった」

それから毎朝、修学上人は少年と一緒に庭の掃除をしました。

一週間ほどしたある日の朝、いつものように修学上人が庭へ出て行くと、正男君はもうほうきを持って掃除をしていました。

「正男。お前は本当に良い子だな。ありがとうよ」

修学上人は正男君を抱き寄せました。正男君は恥ずかしそうに微笑みました。

その日を境に、心を閉ざしていた少年の心は開け、自ら進んで掃除の手伝いをするだけでなく、施設の職員の指示にも素直に従うようになりました。保母さん達は、別人のように変わった少年の姿に、すっかり驚いてしまいました。

修学上人は、職員を集めて話をしました。

「世間には、悪い子には体罰を加えるべきだという考え方があります。叩いたり、寒いところに立たせたり、水をかぶらせたり、ご飯を食べさせないようにすることでしつけようとする人がいます。しかし、これは絶対にしてはいけません。たとえ、どんな悪いことをした子どもでも、決して体罰を加えてはなりません。今までの私の経験の中で、そういうことで良くなった子は一人もおりません。

いいですか。どんな子どもでも、ほめてやると必ず、良い子になります。みなさん『あの子はだめだ。今日もああいう悪さをした』ということは明日考えることにして、今日は、よかったことだけを探してほめてあげてください。よいことがなければ、何か仕事をさせて、そのことをほめてあげてください。それが、一番いい指導法なのです。

一つのことを教えようと思ったら、五つくらいほめてあげることが必要です。五つほめて一つ教える、この心構えを覚えておいてください。子どもをほめてやるためには、子どもの一日の生活を温かく、そしてしっかりと見守る姿勢を身につけねばなりません。

みなさん、くれぐれも慈悲と至誠、そして堪忍の心を忘れずに子どもに接してあげてください。みなさんは、こども達にとって、かけがえのない親なのですから」

職員達は深くうなずいて、子ども達のもとへ帰って行きました。

ここで語られた「ほめて育てる」指導法は、その後、修学上人が手がける教育事業の指針ともなるものでした。

駒方寮の設立と保育園・診療所の開設

自然環境には恵まれた藤森寮でしたが、交通事情が不便で、急病人が出たときの対応に難点がありました。五〇人を越える子どもの世話をするためには、もっと便利な場所で、しかも専門のお医者さんが必要でした。

昭和一一年、名古屋市内の昭和区駒方町に土地を買い求め、施設をす。

「駒方寮」と改め、再出発しました。理想的な環境づくりの第一歩です。

駒方寮は、大部屋ではなく「小舎制」を採用しました。小舎制とは、お母さん役の保母さんを中心に、八人から一〇人くらいで一軒の家に住む仕組みのことを言います。子ども達が安心して暮らせる、本当の家族のような雰囲気を作りだすために考えられたものでした。修学上人の頭には、常に、子ども達によりよいことをしてあげたい、という思いがあったのです。

昭和一二年、中国との戦争がはじまりました。戦地へ赴く人々の家族は、働きに出なくてはならなくなり、その子どもの保育所が求められるようになりました。修学上人は、それに応えて敷地の中に「駒方保育園」を開設しました。

続いて、昭和一三年には「小児健康相談所」と「駒方診療所」を開設しました。施設の子どもや保育園児はもちろんのこと、地域の子ども達の健康を守るために、内科と小児科のお医者さんに来てもらいました。そのお医者さんは、杉山先生の教えをしっかりと勉強した立派な方でした。

診療所は、貧しい人々には無料で診察をしてあげたので、地域の人々にもたいへん喜ばれたのでした。

特高警察による弾圧

村上先生の代になって仏教感化救済会は、社会事業をより発展させていくために「財団法人大乗報恩会《だいじょうほうおんかい》」と組織を改めました（昭和九年）。また、法華経の教えを広める団体として「財団法人大乗修養団《だいじょうしゅうようだん》」を設立しました（昭和一二年）。二つの団体の理事長に村上先生が就任し、修学上人は、常務理事として実務に当たることになりました。

修学上人は、日々訪れる人々の指導に当たるとともに、施設に暮らすめぐまれない子ども達の養護に勤しむ日々を送っていました。

世の中は、戦争の道を一歩一歩突き進んでいました。国民を戦争に動員するためには、人々の考えを一つにまとめあげることが必要です。

戦争に反対する考えをもつ人や、国の方針に批判的な人は邪魔な存在となります。

当時の日本には、人々の思想を取り締まる特高警察という組織がありました。国の方針に反対する人々、戦争に反対する人々を次々に取り締まっていました。

そんな中、昭和一五年に「宗教団体法」という法律が施行されました。数多くの宗教団体を監督するためにつくられた法律でした。国の方針に異議を唱えない宗教団体にだけ宗教活動を認め、その他の団体は、その傘下に入らなければ活動を禁止する、という内容でした。宗教団体として認められるためには、国の方針に協力しなければなりません。また、公認された宗教団体の傘下に入るためには、その団体の方針に従わなければなりません。

大乗修養団は、国の方針に反対していたわけではありませんが、活動を続けることはむつかしくなりました。しかし、杉山先生の教えを忘れて、他の宗教団体に入ることはできませんでした。

昭和一七年六月、村上先生と修学上人はやむなく大乗修養団を解散することを決めました。そして、大乗報恩会に組織を一本化して活動を進めることにしました。

昭和一八年四月、大乗報恩会の本部へ特高警察がやってきました。

「大乗報恩会は、宗教団体でもないのに仏像を拝んだり、先祖供養をしたりしているそうじゃないか。これは宗教団体法に違反した行為だぞ。それに、ここの人間の誰かが、『この戦争は長くは続かない』と言ったそうだな。人を惑わすような話をすることも、法律で禁止されている。そういう行為をしている団体を見過ごすわけにはいかない。詳しく罪状を取り調べるから、責任者である村上斎を連行する。村上、出てこい」

特高警察は、すべての帳簿を取り上げ、村上先生に迫りました。

修学上人は、とっさに言いました。

「この会の実務上の責任者は、村上会長ではなく私です。すべての取り調べに応じられるのは、私しかいません。私がまいります」

八八歳の村上先生をかばい、修学上人は、特高警察に連行されて行きました。

修学上人は、特高警察に拘留され、厳しい取り調べを受けました。特高警察は、取り調べと称して、激しい拷問を加えたことで知られています。取調中に発狂したり、命を落とす人もいました。

大乗報恩会は、その財源を法華経を信じる篤志家の寄付に頼っていました。貧しい人々や親のいない子ども達を救済する、大乗報恩会の慈善事業に多くの人々が賛同し、寄付を寄せてくれていたのでした。しかし、その財源が「宗教行為」と関係していることが問題視されたのです。修学上人は、「人心惑乱と詐欺」の名目で検挙されたのでした。

食糧が不足している戦争の最中に、百人をこえる親のない子ども達の面倒を見ている大乗報恩会が、どうしてこんな目に遭わなければならないのでしょう。苦労しながら、貧しい人々や困った人々の世話をしている修学上人がどうして、犯罪者のような扱いを受けなければならないのでしょう。国や警察から感謝されて当然のことをしているのに、なんと理不尽なことなのでしょう。

大乗報恩会には、修学上人を責めたてる会員もいました。彼らは、修学上人が至らなかったために、大乗報恩会がこのような目に遭ったのだ、と罵りました。また、一部の会員達は、大乗報恩会を離れて出て行きました。怖ろしい特高警察ににらまれたくなかったのです。しかし一方で、一部の会員は、修学上人を解放するために必死になって駆け回りました。

五八日後、会員達の必死の働きかけが実り、修学上人は、ボロボロの姿で拘留先から解放されました。そして、大乗報恩会には、以下の処分が下されました。

一、名称を変更すること。
二、支部及び班組織は一切解散すること。
三、宗教行為は一切禁止すること。
四、布教活動に使用した文書や物件は、すべて廃棄すること。
五、財源を確立し、経理を公正にすること。
六、役職員はすべて改選すること。

大乗報恩会は、村上先生に代わって坂井徳太郎陸軍中将が理事長となりました。そして会の名称は「財団法人昭徳会《しょうとくかい》」と変更することになりました（昭和一九年）。

修学上人は、一切言い訳をしませんでした。すべて一人で責任を背負い、特高警察でどのような目に遭ったのか、みつ夫人にさえ語りませんでした。当時、みつ夫人は、何があっても弱音を吐かない女性として知られていました。その人が、押し入れの中で、一人黙って涙を流し続けていた姿を、娘のゆきゑ（当時六歳）が目撃しています。夫の苦悩

と無念さを思うと、次から次に涙が溢れてきたのでしょう。

修学上人は堪忍を貫きました。「不平不満を口にすることは、堪忍を破ることになる」。杉山先生の教えを守り抜き、法華経の行者として、計り知れない苦痛と苦悩に堪えたのでした。修学上人は、身をもって人々に堪忍行の模範を示したのでした。

戦災孤児の収容

昭和二〇年（一九四五）八月、長い戦争が終わりました。敗戦国日本は、あちこちが焼け野原となり、食糧をはじめ、あらゆる物資が不足した状態に陥りました。当時の日本の総人口は約七千二百万人でしたが、三千万人分しか食糧がない状況でした。戦争による労働力不足に加えて、天候不順も重なり農作物は凶作、人々は栄養失調に苦しみました。

街角では、進駐して来たアメリカ兵のジープを子ども達が取り囲み、ガムやチョコレートをねだっていました。そんな姿を見ても、大人たちは何も言うことができませんでした。悔しくても、自分達の不甲斐なさを

どうすることもできなかったのです。

戦災で親や兄弟をなくした子ども達は、お腹をすかし、ボロボロの服を着てさまよい歩きました。垢にまみれた服からは、シラミがゾロゾロと落ち、目はうつろで、話しかけても返事はありません。町には、住む家を空襲でなくした人々が溢れ、新聞は「浮浪者、連日餓死」と報じていました。

このような状況で、浮浪児のいっせい収容が始まりました。当時これは「狩込み」とよばれていました。

浮浪児の収容に、修学上人も協力を求められ、県の役人と共にトラックに乗り込み、名古屋駅や公園をはじめとした、子ども達の集まる場所に出かけました。そこには、物乞いやスリ、かっぱらい、ゆすり等を常習にする大勢の子ども達がいました。

施設に収容しようとしても、逃げまわったり、文句を言って向かってきたり、おとなしく付いてくる子はほとんどいませんでした。そうした子ども達を一人ひとり説得し、トラックの荷台に乗せて駒方寮に連れて行きました。寮に着くと保母さん達が出迎え、風呂に入れ、新しい服に着替えさせて、暖かい布団に休ませます。ところが、寮に連れてこられると一日か二日はじっとしていますが、しだいにそわそわしはじめます。様子の変化を見落とすと、子ども達は施設から逃げ出してしまうのです。

中に、たくましい子どももいました。寮に連れて来られると周囲をぐるりと見回して「旅館にしては汚いじゃないか」とうそぶき、修学上人のことを旅館のおやじ、保母さんは女中と呼ぶのです。あげくのはてに数日後には、友達の服や靴を持ち出して、一〇日もするとまた平気な顔で帰って来るのです。そういうやりとりが何度も繰り返されましたが、そんな子に対しても、修学上人は声を荒げることはありませんでした。温かく見守り、心の傷が癒えるまで、やさしく愛情を注ぎ込み、良いところを見つけてはほめてあげるのでした。

修学上人は、子ども達の様子をじっくり観察しました。そして、「外の世界が恋しくなってきたな」と思われる子どもに気が付くと、名古屋駅に連れ出しました。見通しのいい場所に腰かけ、子どもと一緒に通行人を眺めるのです。

そこには、大人に混ざって多くの浮浪児も行き来しています。その様子を黙って眺め、子どもの表情を見届けます。

「どうだ。また、あの仲間に戻りたいか」

「ううん。家に帰る」

修学上人の問いかけに、言葉少なに答えます。

「そうだな。よし、家に帰ろうか。お母さん（保母さん）も喜ぶぞ」

修学上人は、子どもの手をしっかり握って駒方寮に戻ります。こういうやりとりを経ると、子どもは落ち着いて施設の生活に入っていくのです。

ある日、親しくしていた禅宗のお坊さんが修学上人のもとを訪ねてきました。経営していた育児院、名古屋養育院が空襲で焼かれ、そこで暮らしていた子ども達は、住む場所を失った状態にあったのです。修学上人に、育児院の経営を引き継いでくれないか、相談に来たのでした。

修学上人は、二つ返事で承諾しました。

「親のない子を助けて幸せに導くこと」

「不幸な人々に、自分ができることを精一杯尽くすこと」

どんな厳しい状況に置かれていても、杉山先生の教えが修学上人を突き動かすのでした。

修学上人は、臥竜山や藤森、東京にあった昭徳会の不動産を売って、施設再建の費用にしました。そして、長男の忠臣（当時一六歳。現、法音寺山首・宗音上人）を伴って建物の修復に当たりました。

この頃、修学上人を悩ませていたのは、子ども達に与える食事の問題でした。それまで、昭徳会の施設ではおなかいっぱい食べさせてきました。しかし、子ども達に食べさせるお米が十分に確保できなくなり、サツマ芋や団子汁などの代用食ですます日もありました。

ある日のことです。修学上人は、寮の部屋でゴロゴロしている男の子を見つけ、声をかけました。

「おうおう、どうした。おとうさんとすもうでも取ろうか」

と、その子は一言、

「腹が減るからイヤだ」

修学上人は、身を切られるような、つらい思いを味わいました。子ども達にひもじい思いをさせることほど、親にとってつらいことはありません。言うまでもないことですが、終戦直後の混乱の中、一二〇人を数える子ども達に満足な食事を与えることは、並大抵のことではなかったのです。

修学上人は、施設の敷地内に農場をつくって畑仕事に励みました。生の松原や臥竜山の経験を活かしたのです。毎朝、施設のトイレから人糞を集めてまわり、畑の肥料にしました。アカザやタンポポ、ハイスベリなど、食べられる野草を集めてお粥の具にしました。ザリガニやイナゴ、蛙も貴重な食糧となりました。サツマ芋は葉や蔓まで食べました。近所の精米所をまわって、捨てられる麦の皮を分けてもらい、パンに混ぜて食べさせました。

早朝から、誰よりも必死になって働く修学上人の姿は、人々の心を打ちました。リーダー自らが率先して働くので、人々は慕って付いてくるのです。修学上人は、冗談を交えながら施設の職員を励まし、子ども達に明るく声をかけました。

「どんな困難な状況でも、明るい心を失ってはならない」

「物質的にはめぐまれなくても、心の持ちようで希望の光は見えてくる」

この信念に基づいて、施設の運営にあたったのです。

施設には、身体の大きな子も小さな子も、よく食べる子も食が細い子もいます。食事を平等に分配しても、どうしても不平が漏れてきます。不平が出ると、子ども同士のケンカがはじまります。ケンカがはじまると職員達は、その対応に追われます。心のすさんだ子ども達が次々に収容され、それなのに与えられる食事の量が限られているので、施設はトラブルが絶えませんでした。ですから、どうしても保母さん達は、叱ることが多くなってしまっています。修学上人は頭を悩ませました。そしてルールを定め、保母さん達にも協力してもらいました。

一、ハウス（小舎）毎に当番を決め、当番の子どもに食事の配分をまかせる。当番の子は、みんなと相談した上で、大きい子・中

くらいの子・小さい子と分け、食事の量を大中小に分けて配分する。

二、子ども達に対して、○○さんと名前を呼びあうように指導する。小さい子も大きい子もお互いに○○さんと呼びあい、よい言葉を使って友達を尊重するように指導する。

三、叱ることを避け、子どもの良いところを早く見つけてほめる。叱る前にほめ、ほめた後で教える。この順番を忘れないこと。

修学上人は、どんな状況であっても、「ほめて育てることを忘れないでほしい」と保母さん達に繰り返して指導しました。また、どうしても叱らなければならない場合は、一人だけ呼んで、ほめる時以上に愛情を込めて、納得がいくまで話をするよう指示しました。子どもの小さな自尊心を傷つけない配慮を、保母さん達に求めたのでした。

一方、施設に「自治会」をつくり、子ども達のよい意見はすべて用いることにしました。自分の意見を用いられた子どもは、喜ぶばかりか、自信をもって施設の仕事に協力するようになります。

続いて「向上箱」をつくり、他の子の良い行ないを見つけたら、それを書いて投票することをはじめました。良い行ないをした子はもちろん、それを見つけた子もほめることにしました。ほめられると子どもの心は自然に開いていきます。

毎月の終わりには「誕生会」を開くことにしました。祝福される喜びを知った子どもは、次第にやさしい心を取り戻していきました。

子ども達と一緒にリヤカーを引き、野菜を育て、取れた物を一緒に食べました。苦労と喜びを分かちあうことで、心のつながりを深めていったのです。

また、時間を見つけては子ども達に、おとぎ話や童話を聞かせてあげました。修学上人は紙芝居の名人でした。子ども達はお話が大好きです。嘘をついたり、本当のことを話さなかった子も、しだいに正直に自分の

ことを話しはじめるようになりました。

ある日のことです。施設を訪れた人が、子ども達に琴と尺八を演奏してくれました。ふと見ると、一人の子どもが涙を流しています。その子は、自分のことをほとんど話さない、無口な女の子でした。修学上人は、そっと近づいて「どうしたの」と訪ねました。

「あたし、お母ちゃんに、動物園へ連れて行ってもらったときのことを思い出したの。お母ちゃん、空襲で死んじゃったけど…」

その子は、涙を流しながら答えました。

いい音楽を聞くと、自然に心が素直になるのです。いい音楽は、楽しい思い出、悲しい思い出、嬉しい出来事、淋しい出来事、心の奥に封じ込められていた様々な過去を思い起こさせます。そして、心を覆っている重いカーテンを取り除きます。

修学上人は、この出来事をきっかけに「子ども達に音楽を教えていけば、心を解きほぐす手助けになるのではないか」と考え、施設の活動に音楽を取り入れることにしました。

いろいろな楽器を集め、寮の子ども達で楽団をつくることにしました。音楽は、実にすばらしい効果を発揮しました。悪く言われていた子もやりがいを感じ、夢中になって音楽に取り組み

ました。修学上人は、琵琶が得意でした。また、クラリネットや小太鼓も上手に演奏することができました。一緒に演奏したり、唄を歌ったりする中で、子ども達は、平和だった時代の平穏な心を取り戻していきました。

しかし、子ども達の心の傷、親や兄弟を失った深い悲しみは、そう簡単に癒されるものではありませんでした。ある少女の逸話が残っています。

その子は、毎月もらう小遣いをコツコツと貯めていました。保母さん達は、何をほしがっているのか不思議に思い、ある日、その子にたずねました。すると、その子はこう答えたのでした。

「お金を貯めて、お父ちゃんとお母ちゃんを買いたい」

保母さん達は、何も答えることができませんでした。

そして、一年が過ぎた頃、その子は、保母さん達に言いました。

「お金が貯まったから、町に行ってお父ちゃんとお母ちゃんを買ってくる」

保母さん達は、何と言っていいかわからず、黙ってその子を見送りました。

夕方、その子の胸には、お父さんとお母さんの名前が刻まれた、お位牌が抱かれていました。修学上人はそっと抱き寄せました。保母さん達は、涙がとまりませんでした。

こうした深い傷を負った子ども達を、あたたかく見守り、愛情をもって育てる日々が続いたのです。

子ども達をよくするために修学上人は、ほかにもいろいろなことを考えました。スポーツもそうです。

仕事を通して修学上人は、愛知県知事の桑原幹根さんと親しくしていました。ある日、桑原さんに協力してもらうための手紙を書きました。

〝自分の施設の子ども達だけで運動会をしようと思いましたが、人数が少ないから、できるだけ多くの施設の子ども達に参加してもらえるよう、お力を貸してください。必要経費は全部私の方で出させてもらいます〟

こうして昭和二八年一〇月一三日、真っ青の大空のもと大運動会が開催されました。場所は「中部社会事業短期大学」運動場。この年の四月、修学上人が開設したばかりの大学です。名古屋市内の児童養護施設から、千人以上の子どもが集まりました。はじける子ども達の歓声を、修学上人は、うれしそうに見守っていました。

修学上人は、施設対抗の野球大会も行ないました。始球式でボールを投げ、子ども達に賞品や賞状を渡す修学上人の頭の中は「この子達の幸せのために、できることは何でもしよう」という思いでいっぱいでした。この運動会も野球大会も、平成の今なお引き継がれ、

行なわれています。

「親のない子ども達のお世話をすると『法華経』がよくわかり、本当の幸せになれる」と言われた杉山先生も、天国でほほえまれていたことでしょう。

日蓮宗での得度と法音寺の創建

その頃、修学上人は一つの大きな決意を胸にしていました。それは、お坊さんになることでした。

戦争が終わると、宗教団体法は廃止され、宗教法人令という新たな法律が制定されました（昭和二〇年一二月）。この法律によって、人々は、どの宗教を信じても、また、どんな宗教を新しく開いても構わないことになりました。

これを受け、数多くの新宗教（新興宗教）が誕生することになりました。宗教団体法の下、他の団体の傘下に入って活動していた人々が、新しく独立して自分達の宗教団体を設立していったのです。戦争中、政治的に様々な干渉を受け、苦い思いを味わっていましたが、終戦により様々な制約から離れ、自由な宗教活動を繰り広げることができるようになったのです。

修学上人も、杉山先生以来の信仰活動を何とか再開させたいと考えていました。その手段として、日蓮宗のお坊さんになることを決意したのです。

修学上人はいつも「私がお話しすることは、すべて師匠の杉山先生に教えられたことです」「私のお話は、すべて法華経に説かれていることばかりです」と話していました。杉山先生は、お釈迦さま、日蓮聖人をまっすぐに信奉された方でした。村上先生もまったく同様のお考えの方でした。ですから、修学上人の頭の中には、新しい宗教を開くという考えはなく、法華経をさらに徹底して学ぶには、日蓮宗のお坊さんになって修行に励むことが一番と考えたのだと思います。

他方、特高警察から受けた苦い経験から導かれた決断だったことも、まちがいないでしょう。慈善活動を進める昭徳会の土台が揺らいでは、子ども達の幸せを守ることはできません。「どんな世の中になっても、子ども達を守る万全の体制を用意すること」。このことが念頭にあっ

たことも、やはり間違いないでしょう。自らの力を頼るだけでなく、多くの人々の協力を得て社会事業に取り組むべき教訓が、ここに活かされていることも指摘しておくべきでしょう。

昭和二一年一一月、修学上人は得度して、お坊さんになりました。

お坊さんになった修学上人がいきなり遭遇したのは、村上先生のご遷化でした（昭和二二年二月）。村上先生は亡くなる直前、修学上人をはじめ昭徳会の幹部を集めて、こう語りました。

「私の功徳はすべてここに置いていきます。みなさん、堪忍づよく、慈悲深く、真心ひろく修養してください。努力次第で大きな徳の人となれます」

そして、右手で握り拳をつくって、パッと広げて見せました。つまり「腹を立てると、信用も人徳も、パッと消えてしまうぞ」ということを示したのでした。

村上先生は、修学上人の手を取り、言いました。

「私の身体はなくなっても、魂はここに留まって、今まで以上に働きます。では、すべてをお渡ししますから、お願いします」

そして、静かに息を引き取りました。

「先生、ご安心ください。ご遺志を継いで、一生懸命やらせて頂きます」

修学上人は村上先生の手を握り、力強く誓ったのでした。

修学上人は、財団法人昭徳会の会長に就任し、昭和二二年四月、戦前に解散を強いられていた大乗修養団を「日蓮宗昭徳教会」として再建しました。昭徳会の大乗会館を仮本堂として拠点にし、布教活動を再開しました。特高警察の介入以降、宗教活動を禁じられていた会が、正式に再起の態勢を整えたのでした。「法音寺《ほうおんじ》」という寺号を得たのは、昭和二五年七月のことです。

修学上人は全国を飛び回り、人々に語りかけました。

「もう一度やり直しましょう。再出発しましょう」

未だ敗戦後の暗い空気を残す日本に、晴れやかな笑顔で呼びかけたのでした。

修学上人は、堰を切ったように布教活動に取り組みました。

驚くべき勢いで法音寺は発展を遂げていきます。修学上人が得度した昭和二一年から、亡くなる昭和三七年のわずか一五年の間に、関東から九州まで二三の寺院・教会が創建され、数十万人の会員が誕生しています。

修学上人は、どのような教えを人々に説いたのでしょう。この頃の法話が残っています。

「日本再建の基礎となるのは何といっても宗教の信仰であります。『宗』の字は『範とし、鏡とするに足る』という意味があります。『範』とは、その行ないが模範となること。『鏡』とは、自分の行ないを鏡のような立派な教えに照らして見たとき、自分の欠点が明らかとなり、向上させていく力の基になるということです。

人は、正しい宗教をもって修行し、この社会に仏をつくり、極楽をつくり、幸福の境遇をつくらなければいけないのです。これが日本再建の基礎であり、みなさんの目標としなければならないものであります。

信心という意味は、心に信ずるということであります。何を信ずるかといえば、仏さまの行ないとその教えを信ずることであります。世の中には、仏さまを信ずるという人はたくさんいますが、本当に信じているでしょうか。仏さまの尊い行ないを見習い、自らも仏の道を実行する誓いを立てた人こそ、本当の信心を持っている人です。金もうけや、商売繁盛を仏さまにお願いするのは、本当の信心ではありません。信心は、自分の煩悩を増長させるものではないのです。欲望の信心は、煩悩をますます増長させ、心の平安、世の中の平和を乱します。

仏の信心は、どこまでも人の心を建て直すものであり、人々を幸福に、世の中を繁栄へと導くものであります。

木の葉が茂り、花が美しくあるためには、根がしっかりしていなければなりません。われわれの日々の行いが、みな美しくあることを望むならば、人生の真の意義をしっかりとらえる必要があります。仏さまの教えは、この要求に最も添う教えであります。

自分を中心として貪れば、他人のためにならず、自分のためにならず、悩みと苦しみを生み出します。それはよくないことだと悟り、心を改め、真心を施し、善いことをほめ、善行を育てれば、それは他人のためとなり、自分のためとなり、喜びとなり、功徳となるのです。この道理をよく知って実行することが、すなわち『菩薩行《ぼさつぎょう》』であります。菩薩の『菩』は菩提《ぼだい》のことで、仏の智慧《ちえ》のことであります。『薩』は薩埵《さった》のことで『人』のことです。『行』は修行の行であります。さすれば菩薩行とは、仏の智慧をもって修行する人、という意味であるわけです。

仏教は、悪をふせぎ、善をすすめて、日常生活を楽しく、将来に幸せをもたらし、人々に安心を与える人類の智慧であります。この仏教の根本精神と、菩薩行をもって日本の再建に取り組んでほしいと、私は切に願うのであります」

八事少年寮における知的障害児の受け入れ

修学上人は、昭和二三年の時点で、愛知県社会事業協会理事、民生委員常務理事、愛知県および名古屋市の保育事業協会副会長、司法保護委員等の役職を兼務していました。そのため、修学上人のもとへは、様々な相談が持ち込まれていました。

昭徳教会を創建し、まだ二年しか経っていない昭和二四年六月のことです。愛知県の役人が修学上人に相談に来ました。

「八事少年寮という精神薄弱児（知的障害児）の施設があるのですが、そこを運営していた名古屋大学の医師、杉田直樹博士が定年で名古屋を離れることになりました。本来は、その施設を国か県が引き受けるべきところですが、財政的に余裕がありません。無理なお願いかも知れませんが、どうか、昭徳会でこの子ども達の面倒を見てもらえないでしょうか」

修学上人は、即座に承諾しました。

言うまでもないことですが、昭徳会に財政的な余裕があって引き受けたわけではありません。昭徳会が手がける事業は、その多くが周囲の人々からの要請を受けてはじめたものでした。しかし、交付金（税金から支払われる補助金）だけで経営を成り立たせることはできません。八事少年寮の場合、施設を経営するためには、交付金とほぼ同額の負担金を昭徳会が用意しなければなりませんでした。常識的な経営判断からすれば、この時期に、昭徳会が大規模な施設の経営を引き受けることなど、とても無理な話でした。

今までより一層、資金が必要になることを承知で、修学上人は、施設の運営を引き受けたのでした。宗教者としての確固たる信念がなければ、このような決断はできません。

修学上人は今回も、名古屋養育院の時と同じように、本部の近くの滝川町、川名山町などの宅地を売って、児童棟二棟、調理場、食堂棟を増設しました。そして、施設が狭かったため、隣地を買って拡張し、定員百二〇人、職員二七人の「昭徳会八事少年寮」を発足させたのでした。

修学上人は、交付金の足りない分を、昭徳教会（法音寺）の信徒からの寄付金でまかなう心づもりで、要請を受けました。ただ、当時の昭徳教会の信徒数と財政基盤を考えると、かなりムリがある決断だったと言わざるを得ません。

また、当時の日本経済は悪性インフレに見舞われ、物価の上昇が激しく、先行きが見えない状況にありました。復興が進む中、建材費は値上がりし、人件費も日増しに高くなっていました。いくら予算を組んでも、すぐに不足し、赤字の対策に非常に苦労しました。

それでもくじけないのが修学上人です。様々なアイデアで寄付金を募りました。日蓮聖人の一生を劇にした「日蓮劇」を開催し、入場料の形で寄付金を集めました。娯楽の乏しい時代でしたから、多くの観客を集めました。一方、自身は、大阪の町を托鉢にまわりました。どこまでもひたむきに、そして前向きに取り組むのでした。

お題目を唱えながら、早朝から夕暮れまで、大阪の路地を一軒一軒托鉢してまわる修学上人の話が、今も伝えられています。夜は、信徒のうどん屋さんの二階に泊めてもらって、資金集めを進めたそうです。「なにもそこまで、お上人さまが…」という声も聞こえてきましたが、それくらい必死になって寄付を呼びかけたのでした。

施設の運営のため、一心不乱に支援を訴える修学上人の姿は、人々の心を揺さぶりました。修学上人の勇気と情熱もさることながら、昭徳教会の信徒達も、これによく応えました。篤信の信徒達が、修学上人と昭徳会を支えたのでした。全国各地の信徒の菩薩行の精神、そして修学上人への厚い信頼がなければ、八事少年寮を運営してゆくことは不可能だったと言えます。

「人々の理解を得ながら、援助を受けながら、人々と一緒になって社会事業を進めていこう」

修学上人は、生の松原で得た教訓を胸に、理解と支援を求めました。信徒達も、菩薩行の精神に基づいて修学上人を支えました。杉山先生の「不幸な人々に自分ができることを精一杯尽くす」教えのもと、修学上人と信徒が一丸となって、社会福祉事業は推進されたのでした。

知的障害児の受け入れは、昭徳会にとって初めての試みでした。当時は、障害者への偏見差別がまかり通っていた時代でした。そういう時代に、修学上人は、大規模な施設の運営を一手に引き受けたのでした。

修学上人は「知的障害児をありのままに受け入れること」「知的障害児の成長を信頼すること」を基本方針として、事業を推進しました。法華経には、ありとあらゆる困難に陥ったすべての人々を、等しく救済する観世音菩薩《かんぜおんぼさつ》の慈悲が説かれています。そして「如我等無異《にょがとうむい》」（我が如く等しくして異なること無からしめん）の教えがあります。如我等無異とは、この世に生まれたすべての人々が仏さまの子どもであり、誰もが同じように仏になれる（本当の幸せを得ることができる）という意味です。法華経には、仏性（仏になる素質）は、すべての人に平等に備わっていることが説かれています。それは、知的障害児といえども変わりありません。誰もが、仏の教えに触れ、仏の道を正しく歩むことによって、仏性を開花させることができることを、法華経は説いているのです。

修学上人は、仏教の根底に流れる「如我等無異」の精神と、「観世音菩薩」の精神に基づいて、八事少年寮の運営に取り組んだのでした。

八事少年寮では、知的障害児たちを暖かい雰囲気で包んで安心させ、不当な劣等感から解放するよう指導しました。また、彼らがもっている生活意欲をのばし、自信を与えるよう指示を与えました。

教育内容は、生活指導と職業指導が大きな柱です。知的障害には、軽度から重度まで大きな幅がありますが、個々の子どもに即した教育が施されるよう、細心の注意を払いました。日常生活を習慣づけ、共同生活への興味と喜びを育み、社会的自立に必要な基礎を身につけられるよう、様々な工夫が試みられたのでした。

個々の子どものレベルにあわせ、洗濯物の整理、掃除、農作業、園芸、環境整備等の生活指導、肥料の袋詰め、木工細工、軍手作業、裏地の縫製等、軽作業の職業指導・教育に取り組みました。

修学上人は、昭徳会の取り組みを次のように語っています。

「私たち昭徳会は、不遇な子ども達も、障害を持つ子ども達も、今はまだ障害を持たない人々も、皆同じく尊い生命を有しており、仏さまからお預かりした仏さまの子だと考えます。一切の差別なく、真心をもってお世話をさせて頂こう、と考えています。

昭徳会は、次のように、活動の基本方針を掲げています。

一、ひとりひとりに思いやりの心をもって接します。

二、ひとりひとりを尊重し、その人に合った支援・援助をします。

三、ひとりひとりを大切に、まごころで接します。

四、すべての人の幸福を目指し、たゆみなく援助技術の向上に努めます。

五、お互いに助け合い、よりよい生活ができるよう努めます。

私は、子ども達の長所を活かしてあげたいと考えます。絵を描くこと、工作、掃除、薪割り、農業、草花づくり、それぞれの道に進んでいけるようにしてやりたいと思っています。長所をほめると、正直でよい仕事をする子どもが育ちます。彼らの個性にあった成長を支援していくことが、私たちの務めです。障害がない子どもと比べて多少の時間と手間はかかります。それをもって『障害児は世の中に出ても何の役にも立たない』『障害児は社会のお荷物だ』等と考える人がいることは、大変残念なことであります。

仏さまは、すべての人を平等に仏にしたいと考えておられるのです

(如我等無異)。そのために、ありがたい教えを我々に残して下さったのです。仏さまの前では、知恵があるだとか、お金があるだとか、家柄がいいだとか、男だとか女だとか、そんなわけへだては全くないのです。すべての人々が平等に仏性をさずかっていることを、仏さまははっきり説かれているのです。

子ども達の幸福を本当に願うのなら、それぞれの能力に応じた、可能な限りの教育を施さねばなりません。社会的に無能力のまま放置することは、非行化の最短距離となります。私達は、その防波堤の役割を果たさなければなりません。

私達施設の人間が忘れてならないことは、一般社会の人々に常に理解を求め、その支援を信頼することであります。もし施設の子ども達が、付近の人々から憎まれたら、我々がいくら努力をしたところで、いくら教育に情熱を傾けたところで、十分とは言えません。一般社会の人々が、一般の子ども達と同じように親しみ、可愛がってくださることによって、施設の子ども達はよく育っていくのです。子ども達が大きくなり、職業を指導するにしても、社会の人々の暖かい支援の手が差しのべられることによってはじめて、一人前に育つことができるのです。

日頃の各団体のご慰問も、大変ありがたいことであります。こうした社会の人々の理解と支援をもって、はじめて事業を運営していくことができるのです。

私たちが社会事業をやっているのではなく、社会に、仏さまにやらせて頂いているのだ、という自覚をもって、子ども達の教育にあたってゆきたいのであります」

ある日、少年寮の子ども達に「一番うれしかったことは何ですか？」と質問したことがありました。ある子どもは、こう答えたのでした。

「デパートで、ぼくたちのつくったものが、ならべられたとき。つくえが売れたときはすごくうれしかったです。それから、ぼくたちがつくったつくえやこしかけが、たちばな高校にならべられたとき。おとうさん（修学上人・日本福祉大学付属立花高等学校の校長も兼務）からほめてもらって、ほんとうにうれしかったです。おとうさんは、『とてもりっぱにできましたね。一本のくぎ、一枚の板にもまごころがこもってますね』と言ってくださいました」

ここでも、「ほめて育てる」教育方針が活かされていることがわかります。

「精神薄弱者福祉法」が公布されたのは昭和三五年、すべての障害児に教育を受ける権利が保障されたのは、昭和五四年のことです。修学上人と昭徳会は、時代に先駆けた取り組みを進めていたのです。

節約の人

修学上人は、節約の人としても知られていました。

「襤褸《らんる》（ぼろきれ）をまとい、粗食（粗末な食事）に甘んじ、心は妙法（法華経）を離れず、身辺は清廉（私欲をもたないこと）を保ち、余財あれば一切を挙げて難民救済の資に充当すべし」

「己を省みずして、大衆の福利（幸福と利益）に奉ずべし」

杉山先生が残した言葉を、純真に守っていたのでした。

修学上人は、様々な社会事業に取り組むとともに、全国各地を飛びまわって布教活動にも励みました。九州や東京などへの移動は夜行の三等車。好物は釜あげうどん。浮いたお金があったらすぐに、施設の運営費にまわしました。

修学上人は、お坊さんとしてお葬式によばれる機会も度々ありましたが、貧しい家庭からはお布施を受け取らないばかりか、自分でお米などを持って行くことも度々でした。恐縮する遺族に「なあに、結構、結構。そういうことで恐縮する必要はありません。妙法の心をもって、しっかり供養してあげてください」と励ますことが常でした。自分は芋を食べ、訪れる信徒には白いお米のご飯を食べさせる、そんなお坊さんだったのです。

身延山の大荒行

修学上人は、法華経の精神をさらに極めるため、「大荒行」に挑みました。大荒行とは、激しい行に励むことによって一切の罪と穢れを払い、強靱な精神力を身につけ、仏の境地に近づくことを目的とした修行のことです。日蓮宗の聖地である身延山で、一一月一日から翌年二月一〇日にかけて行なわれていました（現在は千葉県の中山・法華経寺で行なわれています）。酷寒の百日間、午前三時から午後一一時までの七回にわたる水行をはさみ、終日、読経や写経、木剱《ぼっけん》の修行（祈祷法）に取り組みます。着る物は、木綿の白衣に麻の衣のみ。食事は一日二食、白粥（お米だけの具がないお粥）と

梅干一個のみ。かぶる水は、谷川から汲み置きされたもので、表面には氷が張っています。身も凍る寒さと睡眠不足・栄養不足に耐えながら、一心不乱に行に励むのが「大荒行」です。

その大荒行に修学上人が初めて挑んだのは、昭和二五年、四九歳のときでした。周囲は、その年齢から「体力的に無理ではないか」と心配しましたが、修学上人は、人々の心配を振り切って入行しました。

入行して三五日が経つと面会が許されます。信徒達は、いても立ってもいられず、身延山に面会に行きました。

「おうおう、よく来てくださいましたね」

頬はこけ、アカ切れだらけの修学上人に笑顔で迎えられると、涙がこみ上げ、胸がいっぱいになってしまいます。ふと見ると、足は紫色にはれあがっています。

「お上人さま。お上人さまが、こんなに厳しい修行をしていらっしゃるのに、私たちがこんな暖かい身なりで申し訳ありません」

「なあに、私は修行で来ているのですから、一向に苦になりませんよ。それより、あなた方、こんな寒い中、わざわざ来てくださってありがとう。いきなりこんなに寒いところに来られたら、風邪をひきやすいですから、十分、お身体に気をつけてくださいよ」

逆に信徒達の身を心配する、修学上人でした。

そして、驚くべきことにこの間、修学上人は膨大な量の手紙を書き送っているのです。ただでさえ厳しい行ですが、初めての入行者には、炊事や掃除などの雑用も課せられます。起床は午前三時、最後の水行を終える午後一一時から雑用をこなすことになるので、睡眠時間はさらに削られます。そのわずかな睡眠時間を割いて、全国各地の信徒、そして施設の子ども達へ、心を砕いた手紙を書き送っているのです。一体どこに、これほどまでのエネルギーが秘められていたのでしょう。

この時の手紙が保管されています。

《施設の子に》

拝啓　昨日の面会の人より聞きましたが、みんな元気で勉強していますことを聞いてうれしく思いました。お父さまも元気でやっています。

身延の山は今年は割合に暖かです。寒暖計は零下二度が一番低い日でした。冷たいよりも風が吹く日はチョッと困ります。なぜかと申せば、風が吹くとアカ切れが沢山できて痛いからです。

でも、三時の水行からの行事もなれてやっていますから御安心下さい。御飯は朝の八時と晩の五時の二回です。

今夜というよりも、あすの朝二時より録音があり、二十六日に全国放送があるらしいです。

クリスマスも正月も抜きの行です。でも、もう今日は五十二日目です。下り坂のようですから気分もよろしいです。

二月十一日朝おみやげを持って帰ります。もう暫く辛棒して下さい。

皆さん風をひかぬように、風をひいたらすぐ伊藤先生からお薬をもらいなさい。もう靴下ははいていますでしょうね。クリスマス、正月と楽しい日が来ますね。私がいないのでサンタのお爺さんにもなれませんことは淋しいね。

おいたをせぬよう、お姉さんを困らせぬよう、大きい子は小さい子を可愛がってね。元気でやって下さい。さようなら。

鈴木　修学

養育院のみなさん

身延から名古屋へ戻ったのは、昭和二六年二月一一日でした。お寺では、数千人を数える信徒が出迎えました。修学上人は、溌剌とした声で出迎えに応えました。

いつもの気さくで親しみやすい修学上人でしたが、出迎えた人々は、荒行以前とはどこか違った、特別な威厳が備わっていることに気がつきました。ひげも髪も伸びっぱなしの顔でしたが、よりいっそうの深いやさしさと、熱い情熱が刻まれていたのです。人々の敬慕の念は、ますます深まっていくのでした。

修学上人は、昭和二七年と昭和二九年にも大荒行に挑んでいます。

二度目の荒行は五一歳、三度目

の荒行に挑んだのは五三歳のことでした。特に三度目の荒行の際は、以前にも増して信徒達は、修学上人の身体を心配しました。しかし、その決意を翻すことはできませんでした。修学上人は、過酷な修行に耐えることで、自らを錬成し、「現代に生きる法華経の行者」のあり方を示したのでした。

後の話になりますが、昭和三七年五月に放映されたＮＨＫの番組で、インタビュアの質問にこう答えています。

「法音寺の住職であり、大学（注、日本福祉大学）の学長もされている方が、どうして生命も危ぶまれる厳しい荒行に入行されたのでしょうか」

「それが私の仕事ですから。大勢の信徒のため、施設の子ども達のため、私ができることをやっただけです。宗教者の仕事は、人々を正しい教えに導き、また、正しい教えを率先して実行してみせることにあります。そのためには、人々の範となるべく自分を鍛えることが何より求められます。身延山の荒行は、自分を鍛える絶好の機会でした。病で苦しむ人々、障害をもって生まれてきた子ども達、いわれなき差別や偏見に苦しむ人々、そういう人々に思いを寄せ、仏さまのお心に思いをはせる。身延の荒行は、またとない修行でした」

修学上人は、法華経の行者として人々に教えを説きました。温かいまなざしで人々を見守り、力強い言葉で信徒を励ましたのでした。

「みなさん、布施《ふせ》とは、ほどこしのことでありますが、三つの種類があることを覚えておいてください。一つは財施《ざいせ》。衣食住に困っている人に、その困っている物をほどこすことを財施と言います。ひもじい思いをしている人、苦しい思いをしている人、それぞれの人に必要な物を提供することを財施と言います。二つ目は無畏施《むいせ》。精神的になぐさめ、いたわり、安心を与えることを無畏施と言います。三つ目は、法施《ほうせ》であります。法施とは、人々を幸福へと導く正しい教えを与えることを言います。

みなさん、ここに述べた財施と無畏施に励むことは、すでにその身をもって正しい教えを教化していることに他ならない、ということに気づかれているでしょうか。自分が正しい行ないをすることは、他人に対して正しい教えを示していることに他ならないわけです。法施、すなわち法を説くというのは、むつかしい教理を説明してみせることを言うのではありません。正しい法があることに気づかせ、み教えに即して生きることのすばらしさを示してゆくことも、立派な法施なのです。

みなさん、法華経の神髄は、実行の精神にあります。まず、行ないが先です。自分で正しい行ないをしてみせて、教えを説くことが肝要です。お腹をすかせた人には食を与え、病

いの人には慰めと励ましの言葉を、また、悩める人には長所をほめて、自信を持たせることです。その後に、仏さまの教えをほどよく教えていくことが大切です。

私は覚えが悪いから、法華経の教えはむつかしい、という人は、慈悲・至誠・堪忍の三つを心がければよいのです。杉山先生が説かれた慈悲・至誠・堪忍の三徳は、法華経の教えを人々に伝えるために、その最も重要な要素を取り出したものなのです。慈悲・至誠・堪忍の三つさえ覚えていれば、自然に、仏さまと同じ慈しみの心をもって、まっすぐに歩む人間になれます。

そして、みなさんによく覚えておいて頂きたいのは、自分の夫、妻、子ども、そして、両親、兄弟姉妹、祖父母、孫、ひ孫と、まずは、家庭と家族を大事にしてほしい、ということです。慈悲・至誠・堪忍の三徳を家庭で実行し、他人に及ぼしていくようにすれば、自然に世の中全体に正しい教えが広まっていくことになります。自分のまわりから、普段接している人々に正しい教えを示し、幸せの種を育てていってください」

日本福祉大学の開学

終戦から三年が経った昭和二三年、日本にどのくらいの孤児がいるか、調査がなされました。その結果、沖縄を除く日本各地に一二万三五〇四人の孤児がいることがわかりました。それに対し、孤児を収容できる施設の数は二七〇、そこに入所している子どもの数は二万一千人、つまり、約一〇万人もの浮浪児が放置されていることが判明しました。

修学上人は、この現状を何とかしたい、と考え、駒方寮や名古屋養育院の運営に取り組み、県や市の役職を通して、社会事業の発展に尽力したのでした。

昭徳会では、孤児や浮浪児の養護、保育園における幼児保育だけでなく、知的障害児の教育にも取り組み、八事少年寮をはじめとする施設の運営にあたってきました。

昭和二六年、社会福祉事業法が制定され、翌年、昭徳会は社会福祉法人となりました。昭徳会が運営する施設では、約三五〇人の子ども達を養育していました。修学上人は、数々の苦境を乗り越え、信徒の協力のもとに社会事業を推進し、子ども達の本当の幸せのために活動を続けてきたのです。

法音寺の住職として、昭徳会の理事長として、施設の子ども達のお父さんとして忙しく飛び回る修学上人は、その頃、一つの確信を得ていました。

それは、これからの日本には、科学的知識をもち、社会福祉を担っていく人材の養成が必要、ということでした。

伝統的に日本の社会は、家族や親戚、近隣の人々が力を合わせ、心身に障害を持つ人々、親を失った子ども、困窮する人々等を支えてきました。しかし、戦争を経て、世の中が大きく変化していく中、伝統的な人のつながりは薄くなって、社会の支え合いの網の目から抜け落ちる人々が増加していたのです。一方で、日本社会が急速に復興していく中、人々の間に利己的な風潮が広がり、他人のために何かをしてあげたい、という気持ちも薄れてきていました。物質的なゆたかさを追い求めて経済活動に勤しむ一方、他人のために心を砕く思いやりの情が薄れていったのです。お金さえ払えば、何でもしてもらって当然、と考える人々が増えてきました。「年老いた親の面倒を自分で見たくない。障害がある人は施設に送ればいい。病気で苦しむ人は病院が世話をすべきだ」といった考えが、徐々に日本社会に広まってきていたのです。

「社会事業の現場で働く指導者養成のための大学を作ろう」。修学上人は決意しました。

日本の未来を託す若者を育てるという、大きな夢に向かって修学上人は、駆け出すのです。

話は前後しますが、昭和二四年、横浜で「全国児童福祉大会」が開かれた時のことです。修学上人は、参加者にこう語っていました。

「これからの時代、子ども達を正しく導くためには、個人や民間の有志の力で取り組むだけでは、やはり限界があると思われます。専門的な知識や技術を持った人材を養成し、また、それを伝達する専門機関をつくることが急務です。私共昭徳会も、そんな人材を求めています。

現在、東京と大阪には、日本社会事業短期大学と大阪社会事業短期大学があります。しかし、その他の地域にはありません。私どもの中部地方にも、そういう専門機関を設立することが是非とも必要です」

この発言に聴衆は大いに賛同しました。しかし、現実には、そういう動きは一向に起こりませんでした。国にも、地方自治体にも、財政的な余裕がなかったのです。

修学上人は、名古屋に帰ると役員

を集め「大学を作りたい」という思いを相談しました。

誰もがこの構想にびっくりしてしまいましたが、修学上人を尊敬し、心から信頼する人々です。反対の声は出ませんでした。

修学上人の大学づくりがスタートします。

八事少年寮を引き受けた際に知遇を得た、名古屋大学の村松常雄博士と相談して、教員を集めました。二年制の短期大学として出発し、教職員の給与と研究費は国立大学並に充分支給し、学生達の授業料は、やはり国立大学並に低くする方針で計画が練られました。

村松博士は「大学教育は、宗教から分離することが原則であり、教員の人事や大学の運営に関する決定権は、教授会に一任されるべき」という考えを持っていました。修学上人は村松博士から出された「法音寺は、お金の支援をするだけで、大学の運営に関しては一切口を挟まない」という提案を受け入れました。遠隔地から赴任する教員の住宅の確保も約束しました。当然のことながら、これまでの施設運営とはケタが違う、多額なお金が必要になりました。

この頃、厚生省では、名古屋の民間の社会事業家が独力で社会事業短大をつくろうとしていることに、大きな関心を寄せていました。会議が開かれ「この計画がうまく運ぶようならば、厚生省としても支援すべきであろう」という意見で省内はまとまりました。東京と大阪の社会事業短大は、いずれも公費でまかなわれていました。ですから、名古屋に社会事業短大ができるとすれば、それ相応の補助金を支出すべきだ、ということになったのです。

ところが、この決定は、直前になってくつがえされることになりました。厚生省の予算が削られたことが原因でした。その背景には、アメリカからの再軍備の要請がありました。アメリカの意向を受け、昭和二五年には警察予備隊、昭和二七年には保安隊、昭和二九年には自衛隊が発足しました。防衛費の支出が増えた分、社会保障費は圧縮されることになったのです。予算を削られた厚生省は、名古屋の社会事業短大への財政支援も、断念せざるを得なくなったのでした。

この経過は、修学上人にとって大きな誤算でした。

しかし、今さらやめるわけにはいきません。修学上人は、全国の信徒に寄付を訴えました。まずは、校舎建設のための総工費が二千五百万円かかることを算出し、五千人の人から一口五千円の寄付を募ったのでした。

当時の五千円は大金です。大学卒業者の初任給が一万円に満たない時代でした。その時代に一口五千円の寄付を求めたのでした。信徒達は、ここでも修学上人を支えたのです。

昭和二七年一二月、「学校法人法音寺学園設立認可」との電報が、身延山の大荒行堂で、二度目の修行中の修学上人のもとに届きました。修学上人は修行中に、大学の「建学の精神」を書き上げました。

明けて四月二〇日、中部社会事業短期大学の入学式が行なわれました。修学上人は、大荒行の間に書き上げた「建学の精神」を読みあげました。

中部社会事業短期大学は、その根本精神として、高く清き宗教的信念に根をおろした教養が積まれる場所でありたいと願うのであります。社会事業の経営について深い問題を研究すべきはもちろんでありますが、社会事業の専門的知

識人を作ることよりも、永遠向上の世界観と、大慈大愛に生きる人生観を把握した健全な人格を育て、広い世界的視野をもちつつ、社会事業を通じて、わが人類のために、自己を捧げることを惜しまぬ志の人を現実の社会に送り出したいのであります。今や新しい日本は、新しい文化的基盤を要求しております。それは、真・善・美・聖の精神文化、特に従来不振の状態にある聖——すなわち信仰を他にして、奈辺にも見出し難いのであります。

この悩める時代の苦難に身をもって当たり、大慈悲心、大友愛心を身に負うて、社会の革新と進歩のために挺身する志の人を、この大学を中心として輩出させたいのであります。それは単なる学究ではなく、また、自己保身栄達のみに汲々たる気風ではなく、人類愛の精神に燃えて立ち上がる学風が、本大学に満ち溢れたいものであります。

釈尊のお言葉、「我が如く等しくして異なること無からしめんと欲す」この一偈を、精神的根源としたいのであります。

これぞ本大学学徒等の、魂の奥底に鳴り響かすべき、真理追究の基調でなければならないのであります。

この後、中部社会事業短期大学は、昭和三二年四月、四年制大学に昇格します。日本で初めての社会福祉の四年制単科大学の誕生でした。修学上人は、この大学を「日本福祉大学」と命名したのでした。

エピローグ

修学上人は、昭和三六年に藍綬褒章《らんじゅほうしょう》を受章し、みつ夫人と共に天皇陛下に拝謁しています。

杉山先生との出会い、生の松原のハンセン病患者の介護と施設運営の苦闘、臥竜山の非行少年達への農業指導、藤森寮の孤児達の養育、特高警察からの弾圧、駒方寮での戦災孤児の受け入れ、名古屋養育院の運営継承、日蓮宗での得度と教団の再建、八事少年寮での知的障害児との出会い、身延山の大荒行、中部社会事業短期大学、そして、日本福祉大学の開学。修学上人の脳裏には、様々な思いがよぎったことと思います。

修学上人は、波瀾万丈の人生を送りました。わずか六〇年の人生において、宗教者として、社会事業家として、教育者として、これほどまでに多くのことをなしえた人物は極めて稀でしょう。

修学上人の人生を辿ると、そこに日本の社会福祉の歴史が見えてきます。社会福祉という言葉が普及し、法制度が整備される以前、恩師・杉山辰子先生の心の根底にあったのは、

信仰者として「不幸な人々の手助けをする」信念と情熱でした。その杉山先生から学んだ「幸せの種まき」を進める実行の精神こそ、修学上人を突き動かした原動力だったのでしょう。

修学上人は、すべての人々が仏さまの子どもであり、平等に幸せを得ることができる「如我等無異」の教えを「人類愛の精神」と表現しました。そして、不幸な境遇の人に心を寄せる「大慈悲心」「大友愛心」に基づき、「社会の革新と進歩」に身を捧げる志を、未来を背負う若者達に託したのでした。

現在、日蓮宗法音寺は全国に四一の支院を置き、社会福祉法人昭徳会は、二三の施設と三つの保育園を運営しています。学校法人日本福祉大学は、日本福祉大学と大学院、附属高等学校と介護福祉士・社会福祉士を養成する中央福祉専門学校を運営しています。修学上人は、文字通り、日本の福祉を築き、人々の本当の幸せを願い続けたお坊さんでした。

修学上人の事績と年譜

年譜

明治三十五年（一九〇二）　〇歳

1・5　愛知県丹羽郡布袋町大字寄木（現・江南市寄木町）に、鈴木徳太郎・さわの夫妻の長男として出生。修一郎と名付けられる。

明治四十一年（一九〇八）　六歳

4　布袋尋常高等小学校入学。

明治四十二年（一九〇九）　七歳

《1　始祖・杉山辰子法尼、仏教感化救済会を設立》

社会の動き

明治三十五年

※立教開宗六五〇年

明治三十七年

2・10　日露戦争始まる（宣戦布告）。

明治四十一年

9・10　内務省地方局主催の感化救済事業講習会開催（感化事業に携わる職員の資質の向上を図る目的）。

明治四十二年

4・1　「癩予防ニ関スル法律」施行（全国五か所に府県連合療養所開所）。

大正三年

8・23　ドイツに対し宣戦布告（第一次世界大戦に参戦）。

大正五年（一九一六）　十四歳
3　布袋尋常高等小学校高等科卒業。

大正十三年（一九二四）　二十二歳
仏教感化救済会会長・杉山辰子先生より教えを受け、入信。

昭和二年（一九二七）　二十五歳
仏教感化救済会に入会。杉山先生のもとで、法華経流布に挺身することとなる。

昭和三年（一九二八）　二十六歳
6　杉山先生の養女、みつと結婚。
6　福岡・生の松原「ハンセン氏病療養所」主任として赴任。

昭和四年（一九二九）　二十七歳
仏教修養団（後、仏教感化修養団～仏教樹徳修養団）が結成され、幹事長に就任。

大正五年
3・10　癩療養所長に懲戒検束権を付与。

大正十一年
※日蓮聖人に立正大師号が贈られる。

大正十二年
9・1　関東大震災。

昭和三年
4・1　社会事業研究生制度設置（社会事業主事を養成する機関として社会事業研究生制度が設置される）。

昭和四年
4・2　「救護法」公布。
10・24　米株式市場暴落、世界恐慌に拡大。

昭和五年（一九三〇）　二十八歳
3・31　長男忠臣（現・法音寺山首上人）誕生。
12　生の松原の「ハンセン氏病療養所」引揚。
帰名後、臥竜山農場にて青少年の感化・薫育に従事。
昭和六年（一九三一）　二十九歳
布教誌「月刊・出世の栞」（A5判）が創刊され、編集責任者となる。
昭和七年（一九三二）　三十歳
社会事業施設・千種寮開設。被虐待児童及び軽度のハンセン氏病患者を収容。
6・28　始祖・杉山辰子先生（広宣院殿安立大法尼）遷化。第二代会長に村上斎先生就任。
10・17　次男宗保（前・法音寺副住職）誕生。
昭和八年（一九三三）　三十一歳
4　市外猪高村藤森に大仏殿建立。杉山先生の御遺骨奉安。
昭和九年（一九三四）　三十二歳
6・1　（財）大乗報恩会設立、常務理事に就任、仏教感化救済会の事業を継承。理事長・村上斎会長。

昭和六年
9・18　満州事変勃発。
※日蓮聖人六五〇遠忌。

昭和八年
4・1　「児童虐待防止法」公布。

11　市外猪高村藤森に児童養護施設・明徳寮開設。

昭和十一年（一九三六）　三十四歳

本部事務所を現在地・駒方町に移転。千種寮と明徳寮を併合、児童養護施設・駒方寮開設。

昭和十二年（一九三七）　三十五歳

3・5　長女ゆきゑ誕生。

3・10　（財）大乗修養団設立、常務理事に就任。理事長・村上斎会長。

5・2　大乗会館（法音寺旧本堂）竣工。

9・5　駒方保育園開設。

昭和十三年（一九三八）　三十六歳

2・1　愛知県社会教育委員に就任。

4・20　名古屋市広路連区体育委員会長に就任。

5・14　駒方診療所開設。

昭和十四年（一九三九）　三十七歳

11・20　名古屋市広路連区社会教育委員会長に就任。

昭和十六年（一九四一）　三十九歳

4・10　愛知県方面委員に就任。

7・21　愛知県教育紙芝居協会理事に就任。

昭和十一年

11・14　「方面委員令」公布。

昭和十二年

7・7　日中戦争勃発。

昭和十三年

1・11　厚生省設置。

4・1　「社会事業法」公布。

※マンダラ国神勧請不敬事件起こる。

昭和十六年

12・8　太平洋戦争起こる（米・英に宣戦布告）。

※日蓮宗・顕本法華宗・本門宗三派が合同、新制日

昭和十七年（一九四二）　四十歳

1・18　台湾開拓移民団派遣に先立ち、準備のため渡台。

4・30　台湾開拓移民団神戸港を出発。

6・25　大乗修養団を大乗報恩会に吸収併合。

昭和十八年（一九四三）　四十一歳

4・15　宗教団体法違反容疑により特高警察に勾引され、以後58日間拘留さる。

「疑似宗教」とされ、大乗報恩会は宗教活動の禁止、各地支部の閉鎖、名称変更、理事長以下全役員・理事の更迭命令を受け、「昭徳会」と改称。坂井徳太郎陸軍中将を理事長に迎え、社会事業活動の存続を図る。

昭和二十年（一九四五）　四十三歳

終戦。戦災孤児・浮浪児が巷に溢れ、昼夜をわかたず救済。駒方寮に収容・養育に尽瘁。

昭和二十一年（一九四六）　四十四歳

蓮宗が成立。

昭和十七年

9　全日本私設社会事業連盟を大日本社会事業報国会と改称。

昭和二十年

8・15　終戦の詔書録音放送（太平洋戦争終わる）。

11・1　全国人口調査（総人口7199万8104人）。

昭和二十一年

4・1　明治24年以来「仏教慈悲会」によって運営されてきた児童養護施設・名古屋養育院の事業を継承。

11・10　日蓮宗に帰属し、得度。修学と改名。泰山院日進と号す。

12・1　愛知県民生委員常務委員に就任。

昭和二十二年（一九四七）　四十五歳

2・3　二祖・村上斎会長（弘教院殿宗玄大徳）遷化。

第三代会長に就任。

4・7　日蓮宗昭徳教会開堂。

10・21　愛知県社会事業協会理事に就任。

11　愛知県安城市・光徳寺開堂（安城支院）。

昭和二十三年（一九四八）　四十六歳

3・22　名古屋市民生委員推薦委員に就任。

4・1　日本社会事業協会協議員、愛知県保育事業

6・21　ララ（アジア救援公認団体）物資援助始まる。

7・1　国号の呼称を「日本国」と決定。

9・9　「生活保護法」公布。

9・13　「民生委員令」公布。

9・19　厚生事務次官、主要地方浮浪児等保護要綱を七大都府県知事に通知（一斉発見、収容保護所の設置）。

11・3　「日本国憲法」（新憲法）公布。

昭和二十二年

1・20　学校給食始まる。

4・1　義務教育6（小学校）・3（中学校）制実施。

日本社会事業協会設立。

11・25　第1回共同募金全国一斉実施。

12・12　「児童福祉法」公布。

昭和二十三年

4・1　新制高校・新制大学12校発足。6・3・3・4制の新教育制度が成立。

協会副会長、名古屋市保育事業協会副会長に、それぞれ就任。司法保護司の委嘱を受く。
12　大阪府大阪市・広宣寺開堂（大阪支院）。

昭和二十四年（一九四九）　四十七歳

2　大阪府泉南郡・妙音寺開堂（和泉支院）。
愛知県豊川市・正顕寺開堂（豊川支院）。
8・1　昭和12年以来、名古屋大学医学部教授杉田直樹博士によって運営されてきた精神薄弱児（知的障害児）施設・八事少年寮の事業を継承（現・小原学園）。
11・1　司法保護委員に就任。
11・8　全国社会事業大会で表彰され、両陛下に拝謁。

昭和二十五年（一九五〇）　四十八歳

3　岐阜県岐阜市・金華教会開堂（岐阜支院）。
愛知県一宮市・尾西教会開堂（一宮支院）。
4・1　愛知県安城市に光徳寺保育園開設。
6　三重県上野市・安立寺開堂（上野支院）。
7・20　昭徳教会が大乗山法音寺と寺号を公称。

7・29　「民生委員法」公布・施行（民生委員令廃止）。

昭和二十四年

6・11　東京都、失対事業の日当を245円に決定（ニコヨンの呼称始まる）。
10・18　警視庁、少年ヒロポン患者の取締りを命令（ヒロポン禍、問題化）。
11・3　湯川秀樹、ノーベル物理学賞受賞。
12・26　「身体障害者福祉法」公布。
※身延山久遠寺、大荒行堂開設。

昭和二十五年

3・14　日本社会事業短期大学開設。
5・4　「生活保護法」公布・施行。
5・15　「社会福祉主事設置に関する法律」公布・施行。
6・1　社会事業研修所開設。

10　岐阜県関市・泰平寺開堂（関支院）。
　　愛知県名古屋市・金山教会開堂（大乗山泰明寺）。
11・1　身延山大荒行第初行入行。

昭和二十六年（一九五一）　四十九歳

2・10　大荒行第初行成満、修法師となる。
2　京都府京都市・法輪寺開堂（京都支院）。
3　大阪府高槻市・高槻教会開堂（高槻支院）。
　　兵庫県三原郡・淡路教会開堂（淡路支院）。
　　三重県四日市市・浜田教会開堂（四日市支院）。
4・1　名古屋市常任布教師となる。
7　東京都新宿区・東京法音教会開堂（東京支院）。
8　広島県府中市・府中教会開堂。
　　身延山大荒行堂改築寄進（水行堂・表瑞門等）。

昭和二十七年（一九五二）　五十歳

6・1　社会福祉事業法の施行に伴い、財団法人昭徳会を社会福祉法人へ改組。
8・13　法音寺、宗教法人に改組。
10　岐阜県大垣市・清水教会開堂（大垣支院）。

6・25　朝鮮戦争勃発。
8・10　警察予備隊発足。
この年、平均寿命、初めて60歳を超える（男58・0歳、女61・5歳）。

昭和二十六年

1・11　中央社会福祉協議会設立（後の全国社会福祉協議会）。
3・29　「社会福祉事業法」公布。
5・5　児童憲章成立。
9・8　日米安全保障条約調印。
9・15　第一回「としよりの日」実施。
10・26　福祉事務所発足（民生安定所が改組され、社会福祉事業法に基づく福祉事務所が正式にスタート）。

昭和二十七年

3・31　ララ物資援助終了。
4・28　対日平和・日米安保両条約発効、日本独立。
8・1　保安庁（警察予備隊、海上警備隊を統静岡県袋井市・袋井教会開堂（静岡支院）。
10・1　司法保護施設・光明寮開設（現・三好学園）。
11・1　身延山大荒行第再行入行。

昭和二十八年（一九五三）　五十一歳
1　学校法人法音寺学園設立。
2・10　大荒行第再行成満。
4　中部社会事業短期大学開学。
5・28　愛知県社会福祉協議会監事並びに、児童福祉委員会収容施設部会長に就任。
10・1　名古屋市民生委員推選委員に就任。
11　愛知県名古屋市・広井結社開堂（中布教所）。

昭和二十九年（一九五四）　五十二歳
6・1　日蓮宗社会教化事業審議会委員に就任。
11・1　身延山大荒行第参行入行。

昭和三十年（一九五五）　五十三歳
2・10　大荒行第参行成満。
4・1　日蓮宗宗務院財務部長に就任。
10・1　著書「撰法華経略義」発刊。

合）発足。
11・1　市町村教育委員会発足。
※立教開宗七〇〇年。

昭和二十八年
2・1　NHKテレビ放送開始。
3・3　CAC（アメリカの宗教三団体）援助物資開始（社会福祉事業施設入所者の救済を目的）。

昭和二十九年
3・1　ビキニ水爆実験で第五福龍丸被害。
7・1　防衛庁・自衛隊発足。

昭和三十年
2　厚生行政基礎調査により全国の貧困者1100万人と発表される。
10・1　文部・厚生・労働三省、義務教育の不就学

昭和三十一年（一九五六）　五十四歳

1　兵庫県神戸市・妙晃寺開堂（神戸支院）。
岡山県岡山市・妙修寺開堂（岡山支院）。

3・1　日蓮宗宗務委員に就任。

5・28　愛知県社会福祉協議会理事に就任。

7　愛知県東加茂郡・明川教会開堂（明川支院）。

10　福岡県田川市・春日教会開堂（田川支院）。

11　福岡県福岡市・大名教会開堂（福岡支院）。

12　愛知県名古屋市・港教会開堂（佐屋支院）。

昭和三十二年（一九五七）　五十五歳

4　中部社会事業短期大学を四年制の日本福祉大学に改組。

昭和三十三年（一九五八）　五十六歳

4　日本福祉大学付属立花高等学校開校。

4・10　著書「現代生活の指針」発刊。

4・30　著書「続・現代生活の指針」発刊。

5・20　著書「妙法蓮華経略義」発刊。

8・10　著書「聖の教え」発刊。

長期欠席児童対策要綱（長欠児30万人）を発表。

昭和三十一年

5・24　「売春防止法」公布。

7・17　経済企画庁、「経済白書」を発表（「もはや戦後ではない」というフレーズが流行）。

12・18　日本の国連加盟可決。

この年、設備投資ブーム（神武景気）。

昭和三十二年

1・29　南極観測隊、オングル島に上陸（昭和基地）。

昭和三十三年

3・25　日本社会事業大学開設（日本社会事業短期大学から四年制大学となる）。

12・1　一万円札発行。

10・31　教育マンガ第一号「法華経の話」発刊。

昭和三十四年（一九五九）　五十七歳

2・1　布教誌「法音寺教報」発行。

7・1　著書「道徳と宗教」発刊。

昭和三十五年（一九六〇）　五十八歳

5・2　日蓮宗宗祖御真骨奉遷奉行員に就任。

5・10　著書「仏説観普賢菩薩行法経略義」発刊。

5・12　権大僧正に昇叙。

11・10　厚生大臣彰受彰。

昭和三十六年（一九六一）　五十九歳

3　広島県豊田郡・安芸津教会開堂（安芸津支院）。

10・13　藍綬褒章受章。

昭和三十七年（一九六二）　六十歳

4・20　著書「無量義経略義」発刊。

5・21　NHKテレビ、昭徳会事業を特集、「明日への歩み」放映さる。

昭和三十四年

4・16　「国民年金法」公布（国民皆年金体制の発足）。

9・26　伊勢湾台風。

昭和三十五年

3・31　「精神薄弱者福祉法」公布。

9・10　カラーテレビ放送開始。

この年、電気冷蔵庫普及、3種の神器（テレビ・電気洗濯機・電気冷蔵庫）流行。即席ラーメン、インスタントコーヒーなどのインスタント時代。

昭和三十六年

11・14　厚生省、昭和35年簡易生命表を公表（男65・37歳、女70・26歳で女子平均寿命が初めて70歳を超える）。

《厚生省50年史・日本史年表（歴史学研究会編）を参考資料として作成。※印は日蓮宗関係》

6・7　遷化。

6・15　本葬。

日蓮宗大僧正位追贈。

正六位勲五等瑞宝章追叙。

著者略歴

星野　貞一郎（ほしの　ていいちろう）
立正大学・東京福祉大学名誉教授（文学博士：早稲田大学）

1962年～ ● 早稲田大学大学院文学研究科修士課程（社会福祉）修了後、群馬県庁に入り、地域福祉行政に従事。
1971年～ ● 駒澤大学文学部専任講師、同学部助教授
1976年～ ● 群馬大学教育学部助教授、同学部教授、同大学院教授（社会福祉学）を歴任。
1991年～ ● 立正大学短期大学部、同大学院兼任教授（社会福祉学）に就任。
1994年～ ● 日本仏教社会福祉学会代表理事
1995年～ ● 立正大学社会福祉学部創設に参加。社会福祉学部長に就任。
1997年～ ● 日本学術会議社会福祉・社会保障研究連絡委員会委員
1999年～ ● 東京福祉大学創立に参加。初代東京福祉大学学長に就任。
● 立正大学名誉教授
2003年～ ● 東京福祉大学名誉教授
2004年～ ● 高崎健康福祉大学、群馬社会福祉大学、東日本国際大学の各教授として、主に社会福祉原論を講義。
● 現在は、福祉文化を研究。

主　著

『社会福祉発達史』（共著：ミネルヴァ書房)、『福祉社会学』（編著：ミネルヴァ書房)、『社会福祉原論』（単著：有斐閣)、『保健医療福祉の社会学』（編著：中央法規出版）
など多数

ご案内

【法音寺のご案内】

日蓮宗 大乗山法音寺

〒466-0832　名古屋市昭和区駒方町三丁目3番地
TEL（052）831-7135　FAX（052）831-9801
http://www.houonji.com
講話日：毎月7日・17日・27日

【社会福祉事業のご案内】

社会福祉法人 昭徳会 法人本部

〒466-0832　名古屋市昭和区駒方町四丁目10番地
TEL（052）831-5171　FAX（052）835-5272
http://www.syoutokukai.or.jp

【教育事業のご案内】

学校法人 日本福祉大学

〒470-3295　愛知県知多郡美浜町奥田
TEL（0569）87-2211
http://www.n-fukushi.ac.jp

美浜キャンパス
〒470-3295　愛知県知多郡美浜町奥田
TEL（0569）87-2211　FAX（0569）87-1690

半田キャンパス
〒475-0012　愛知県半田市東生見町26-2
TEL（0569）20-0111　FAX（0569）20-0119

東海キャンパス
〒477-0031　愛知県東海市大田町川南新田229番地
TEL（0562）39-3811　FAX（0562）39-3281

名古屋キャンパス
〒460-0012　愛知県名古屋市中区千代田5-22-35
TEL（052）242-3022　FAX（052）242-3020

日本の福祉を築いたお坊さん

—日本福祉大学を創った鈴木修学上人の物語—

2011年6月7日　初版発行
2023年2月25日　初版第12刷発行

著　者　　星野貞一郎
発行者　　荘村明彦
発行所　　中央法規出版株式会社
〒110-0016 東京都台東区台東3-29-1 中央法規ビル
TEL03-6387-3196
https://www.chuohoki.co.jp

装　幀　　小林哲哉（KIS）
イラスト　竹中　淳
印刷・製本　株式会社太洋社

定価はカバーに表示してあります。落丁本・乱丁本はお取り替えいたします。
ISBN978-4-8058-3501-2

本書へのご質問について
本書の内容に関するご質問については、下記URLから「お問い合わせフォーム」にご入力いただきますようお願いいたします。
https://www.chuohoki.co.jp/contact/